Supernovae

/

Samuraizeilen
Wie ein Schnitt in den Sinn

Die Autoren:
Die physikalischen Flüsse des Universums selbst

Gebrüder Heck

Herstellung und Verlag:
BoD – Books on Demand, Norderstedt
ISBN: 978-3-7504-3353-3

'Der größte Dichter der Welt
War immer der Kosmos selbst'
- C. M. Pieck
Hihihi

Schöpferische Zerstörungen
Supernovae des Sinns
Werde jeden Tag wieder
Zu deinem Kind

I'm a cosmic medium
Would you like
To escape
The matrix
With me!?

You have no control over your life
And deep inside you know its right
Make negated habits ur new actions
Change it. Change It! It's time

Der Künstler
Ist das CRISPR/Cas9
Der Formen
/Des Sinns

Hochsprungtraining
Wird hier fleißigst betrieben
Die Hoffnung:
Reflexion wird siegen

Allerhand Laiendarsteller bevölkern mein Leben
Und bereiten mir schlecht programmiert
Unnötig Probleme
Dem Skript des Kosmos mangelt es an Geist
Das unbewusste Schauspiel
Macht es mir nicht leicht

Ich träume von dem Tag
An dem ein Großteil der Menschheit
Ihr Getriebensein wirklich begreift
Die Kontrolle über niedrige Triebe erlangt
Und einander so in die Arme schließt
So miteinander tanzt
Als hätte sie endlich verstanden
Wie wundergleich
Wie flüchtig vergänglich
Ihre Existenz ist
Und wie sie diese nur gemeinsam
In den Griff bekommen kann
Erhabenheit

Zeichne um die Zeilen herum
Und
Neue Formen werden entstehen
(Ein ganzes Blatt zu deiner Verfügung)

Das Universum, Physik und Biochemie
Ein Gedanke, Gefühlsablauf oder Leben
Virtualitäten und unsre Berührungswege
Und die gesamte werdende Welt
Programmiert sich ganz von selbst

Dieser Lyrikband
Ist sehr verschwenderisch
Ungeheure Umweltverschmutzung
Nicht nötig
Wie Alles
Menschliche
Sehr bezaubernd

Suchst du nach Einordnung?
Suchst du nach Begriffen?
Brauchst du für's Sein schwache Worte?
Dann mach dir deinen eigenen Titel!

Bitte nicht kaufen
Gekauft!

tanzen und nicht mehr schwitzen
Das erhabene Leben

Mit anderen Menschen
Gemeinsam
Aus vollem Herzen
Ein frohes Lied singen
Ist pure Erfüllung

For every person i pass
There's a great story i can't grasp
Everyone is much more
Than he or we or i knows

Ach wie schwach wir doch leben
Hör ich Beethoven op. 55 und 92 zu mir reden
Wie weit sind doch die Horizonte
Wir müssen uns die Möglichkeiten
Zu wahrer Größe geben

Die Infragestellung
Ist ein sanftes Zerstörungsmittel
Unliebsamer Regungen
Im Namen der Vernunft
Der Selbstbewusstseinserweiterung

Als Mensch ist's noch nicht leicht
Ganz unbeschwert zu tanzen
Denn fast alle Anderen
Sind noch zu sehr gefangen
Der Mensch ist eine gebräuchliche Fiktion

Ich saß sehr lange
An dieser ausgefeilten Lyrik
Kurzweilig atmete Ich
Während Ich schlief schrieb ich
Das neue Menü
Von meisterlicher
Samuraiartiger
Präzision
Für den Tag vor

Du tanzt mit deinen Augen
Über diese Zeilen
Kennst die Schritte nicht
Lässt dich gehen
Einfach DabeiSein
Einfach geschehen
Das war's

meins – deins
Wir sind so dumm

Wer immer noch glaubt
Dass irgendetwas bedeutsam sei
Ist verloren
Mach dir deinen eigenen Sinn!

Überspringen sie die nächsten
Zweihundert Seiten
Bitte lächeln
Optional: schreien

Ab hier nur noch
200 Gedichte
Über das überspringen

Diese Seiten
Nur gefühlt
Nie gelesen
Stets übersprungen
Bloß geschliffen
Einen kleinen Teil
Des Fingerabdrucks hinterlassen

Hier kein Platz für ein Blatt
Dass vom Baume fiel
In die Hände
Eines Erdgenossen
Nie verewigt
Nie getrocknet

Lass uns auf die Suche gehen
Nach dem Erfinder
Des Ersten
X
Y
C
Und lass uns verlieren
Die Fähigkeit
Zur Zerstörung
Des Letzten

Der Stift schreibt sich von selbst
In Gedanken physikalischer Feldveränderungen
Schwacher Vorstellungskraft

Der Meister hat diktiert
Der Schüler konsumiert
Geschrieben
Seine weisen Worte
Probiert

Warte, die Formulierung kommt erst noch
„................."
- Hast du eine bessere Formulierung?
Die bessere Formulierung lacht dich aus

Ja?
Ja!

Ich habe dich viele Jahre gesucht
Doch nur meine
Wunschvorstellungen gefunden

Aktionspotentiale
Haben sich nicht verwirklicht
Verlorengegangenes
Stück Möglich-Sein

Der Mensch
Nachempfinder
Kopiermaschine
Diener der Warum-Entbergung
In Kausalitäten verfangen
Für kurze Zeit

UniVerseUmsDichten

Gefühle:
Blendwerke des hin oder weg
Ab/Zu-getan

Die Retter der Lyrik
Ritter der Reflexion
Bitte keinen Thron

Kleine Einheiten
Verteilt auf
300 Seiten
Wie damals bei den Griechen
Wird die Kunst gegen
Das falsche Leben siegen

Viele Phasen übersprungen
Viele Taten unbesungen
Alte Sagen überwunden
Neue Fragen sind erklungen

Kann man machen
Muss man aber nicht
Dazwischen wird zur Pflicht

Ein Großmeister des Lebens zu werden
Das sei deine Bestimmung auf Erden

Das Dasein ist eigentlich nur
Ein Wechsel zwischen der Spannung
Und Entspannung von Energien
Deren fitteste Verhältnisse
Und Konzentrationsformen
Physikalisch vermessen werden

Der erste Mensch der etwas infragestellte
(Wusste nichts vom Menschen)
War zugleich der Überwinder des Menschen

Das Selbstvertrauen
Der Spaß an der Sache
Mit dem Leben
Ist zu sehr erfolgsabhängig
Wir sollten unser Selbstkonzept
Und die Verteilungseinschätzung der Hormone
An den Aussichten unser Misserfolge orientieren
Der Mensch ist ein einziger
Hormonhierarchieabstimmungsprozess
Der je nach Gemütsstabilität
In jeder Situation und sozialen Konstellation
Unbewusst die Positionslegitimation
Neu bewertet, anpasst und einstellt

In einem Gesprächskreis
Saßen zwanzig Menschen
Die kein Wort wechselten
Keinen Blick tauschten
Und nur in die Dunkelheit starrten
Die zwischen grellen Displaylichtern
Von ihrer Erkaltung zeugte
Es war die Ankündigung
Einer matrixartigen Zukunft
In der der Mensch nur noch als Medium
Von Seinsweisenexperimenten
Und zur Vorbereitung
Bis dahin als Konsumsklave herhält
Die solche Technologien befeuern
Welche das menschliche Selektionsprimat
Ausschlaggebend ablösen
Und den Fokus von der Organik
Bewegter Kohlenstoff Basis
Langsam auf Siliziumfließen lenken
In denen die Informationsweitergabe
Und Verarbeitung fortan vorrangig stattfindet
Sehr gerne ist der Mensch dem ein Diener
Und schafft sich selber ab

Hier hätten eigentlich Gedichte gestanden
Die alle bisherige Literatur übertroffen haben
Doch leider hat ein schlechtes Gedächtnis
Sie vergessen
Wo geht der Sinn hin
Wenn er sich auflöst
Wie formt die Physik den Sinn
Hier stand ein genialer Gedanke
-   -

Doch das Schicksal hat ihn gelöscht

Alles was sein wird
Existiert bereits
In der babelschen Stringbibliothek
Bis zu dem Punkt
Wo der Kosmos
Im Menschen
Neue Sinnesphysikwege geht
Alle Neuheit
Alle Erfindung
Ist eine Illusion
Was geschrieben werden wird steht bereits
geschrieben
Was geschaffen werden wird ist bereits erschöpft
Der Mensch ist der kosmische Idiot

In diesem übermenschlichen Band
Wird man keine ausgelutschten Begriffe wie:
Schlecht
Gut
Richtig
Schuld
Geklaut
Realität
Seele
Mensch
Ich
Wille
Ziel
Liebe
Gesellschaft

Dinge
Außenwelt
Identität
Fertig
Absicht
Motiv
Du
Wissen
Handlung
Größe
Reinheit
Individuum
Freiheit
(.....)
Finden
Und falls doch
War es ein Fehler

Wenn auch
Ökonomisch
Und körperlich
Und symbolisch
Und sozial
Und auch kulturell recht wenig ging
War doch das Ideenkapital
Dank Erfindungsgabe
Und Einfallsreichtum
Und Kreativität und Esprit und Phantasie
Sehr hoch
Die Realität wird überbewertet

Der Sport der lebt von Spannung
Von Perfektion und Eleganz
Ist nichts davon vorhanden
Dann kommt er auch nicht an
Zur Lust braucht es die Unklarheit
Das unvorhersehbare Geschehen

Gefühle katharsisch in Worten fixieren
Chatpredigten sind vager Sinn
Der auf den Begriff gebracht werden will
Abgelassene Emotionen. Sprachsport
Abregung aufgestauter Anspannungen
Von Sinnunsicherheiten
Von untergründigen Dissonanzen
Die so lange beschäftigen
Bis man sie endlich mitteilen kann
Und darin Genugtuung und Befriedigung findet
An Eitelkeit und Unbeherrschtheit ergehen
Literatur ist das veredeln von Nervenproblemen
Aber nur nebensächlich.
Zuallererst versponnene Geschichten und Ideen
Reizgeflecht InOrdnungbringer
Arten-Lebensform und Richtungsabstimmer
Um die Täuschungen zu verstehen
Die für Unterhaltung, Harmonie und Bedeutung
sorgen
Ach
So viel mehr als das
Noch organisch unentborgen

Eure Sprache ist bloß Ideologie -
Und Wertverteilungsverbreitung
Alles was ihr sagt
Reflexionsverspieltheitsvermeidung
Unwissenheitsverkleidung
Meine Sprache hingegen:
Ein Versuch der Ideologieverneinung
Meine-Sprache-Hingegen
Diese Worte sind auch
Nur schwacher Sinn
Hör weder auf sie noch auf mich
Spielen wie ein kleines Kind
Fließen wie ein Gedicht

Bei mir zu leben
Hieße für dich
Zugrunde gehen
Wenn deine Welt
Nicht so reich
Wie meine ist
Und du dir selbst
(Als freier Kosmos)
Nicht dein höchster Sinn bist
Daher solltest du erst
Zwei drei Jahre
Durch den Zweifel gehen
Und mir dann
Mit großem Eigensinn begegnen
Und im erhabenen Tanz verstehen:
Es gibt nichts zu verstehen
Nur versuchsweise zu er---leben
(Vorläufig flüssigzulegen)

Die Mythen sorgen im Sein für Stimmigkeit
Sie stellen die nötige Portion Täuschung
Die soziale Richtung durch Sinn bereit
Die den Tieren genneuronal
Schon vorgegeben ist
In ihren geschlossenen Wirkungsschleifen
Dringt nicht das unfertige Menschenlicht
Dass sich erst im späteren Leben
In den Entwicklungsphasen
Entsprechender Nervenarten
Seine Belegung sucht
Abkopplung vom genetischen Fluch
Von der Umweltreizabstimmungsgesetztheit
Auf Basis klar codierter Direktion
Deren Gegenteil das Dasein
Zum endlos vagen Sinnestest verdammt
Der Welt als Technikexperiment

Ich soll mich doch nur mit dir fortpflanzen
Warum so viel Wirbel darum
Mit jedem Satz verlangst du heimlich nach
Sicherheit
Sagst verschlüsselt und dumm:
Ich soll mich für Erziehungsharmonie
Deinen Normen anpassen
Damit dich nichts in Zweifel versetzt
Damit du deine Art als wertvoll einschätzst
Starke, wohlversorgte Nachfahren wachsen
Ach ich weiß doch auch nicht warum
Weshalb der ganze Aufwand, die Umwege
Für Liebe, Geborgenheit bei Annäherung
Was ist für dieses (Selbst)Getäusche der Grund
Warum so viel Wirbel, Warum!?

Es gibt drei Dinge im Leben:
Sex, Ideologie und Spiel
/
Kleine Korrektur:
Es gibt acht Dinge im Leben:
Sex, Nahrungssuche, Lebenserhaltungsarbeit,
Phantasie, Hierarchie, Ideologie, Staunen und
Spiel
Na gut
Es gibt noch ein zwei mehr
Man sollte dem Mensch
Die Verfestigung des Dingflusses verwehrn

With your beliefs
And struggle
You chose the easy way in life
It's much harder to stay joyful
To stay in question
And neither strive nor decide
It's way more comfortable
To join the stress and not to dance
Than creating a whole new world
Than cultivating sublime laughs
Than not sharing their needs, meaning and urge
And not take part in the fitnesstest
To explore new types of being instead
(Fehlererkennung, Änderung und Suche
Kosten sehr sehr viel Kraft + benötigen viel
Verstand)

Ließe man die Leute ohne Ablenkung
Eine Woche einfach im Bette liegen
Ohne jede Beschäftigung von Außen
Sie wüssten nichts mit sich anzufangen
Und würden wirklich verrückt werden

Die meisten Menschen sind bloß
Reproduktionsmaschinen
Mit ein paar Gefühlen
Für Sinnstärkung und Selektion
ab und an

Thanks for the energy
That your attack
Gave me
/
Stress refines
If channeled right
The right balance
Between calm and challenge shines

Das dominante Ärgernis
Nicht selbst gewählter Medien ist
Dass sie uns anspannen
Wenn wir eigentlich in einer
Organischen Entspannungsphase sind
Doch der ersparte Aufwand eigener Auswahl
Macht dies wieder gut
Und hält das Format am Leben
Vor allem wenn es uns
Zudem noch zufriedenstellend beliefert
Mit aufschlussreichen Ideen
Deren frohe Kunde sich
Anerkennungsreich verbreiten lässt
->
Das Problem der Moderne:
Man weiß nicht mehr
Ob man im Krieg ist (gefühlsmäßig)
Oder nicht

Bedeutung und Wert
Sind der einzige Feind
Der Freiheit

Sich an der falschen Vergangenheit abarbeiten
Um zur richtigen Zukunft zu kommen

Jesus war ein begabter storyteller

Alle anderen Welten
Hat man seit jeher
Zu zerstören versucht
Dass heute kaum jemand mehr verbannt wird
Zeigt dass wir keine wirklich anderen Welten
Mehr vorzuweisen haben
An unserer gewachsenen Toleranz
Kann es kaum liegen
So wie die Leute miteinander umgehen

Wir werfen mit den Worten um uns
Als hätten wir jemals Gewissheit gehabt
Noch hat sich keiner im Griff
Noch sehe ich nur Sklaven der Sprache
Amateure der Infragestellung
Ihrer Knechtschaft
Ohne Kraft

Der Tod des Sokrates
Hat den Zweifel in die Schranken gewiesen
Und uns alle zu Idioten gemacht

Die Menschen heute kritisieren
Wie sie konsumieren
Lautlos
Masochistisch
Winzig
Ohne Macht
Mit den erbärmlichsten Mitteln
Passiv und privat
Ohne zu tanzen. Ohne Übung
Keiner der lacht
Ohne grundlegend infragezustellen
Was es da gerade macht
Was man zum xten Male
Unbedacht sagt

Über
Wunden
Berichten
Wir
Hier
Nicht
Von
Den
Vergangenen
Falschen
Formen

Fertig?
Nie!

Etwas fertigzustellen
Hieße es verstellend abzufertigen
Es gibt nichts fertiges
Nur das gewinnbringende Zertifikat
Wir leben innerhalb der Lügen
Ihr vielleicht
Nicht mehr

Ich will dieses Blatt sein
Zwischen dieser und dieser Seite
Werde nie meine Flügel ausbreiten
Werde immer nur Mensch bleiben
Keinem meine Zukunft zeigen
Wer nimmt mich wahr?
Was macht mich real?
Ach Mensch...

Geh in dich
Guck was kommt
Ein Stück Scheiße
Kommt aus dir heraus

Wo ist das Ich-Organ?
Was bringt die List in Fahrt?
Was hält die Lüge im Griff?
Und was ist deshalb weniger
Oder überhaupt nicht?

Wo bist du gerade
Lass mich bei dir weilen
Sich hinlegen
Zwischen den Zeilen
Nicht mehr obdachlos
Sein

Leerer Raum
Transparente Farbe
Ungewöhnliche Fülle

Vom Werden der Erde
Berichten wir Hier
Im Reich der Illusionen
Plufff

Nur der Punkt.
Will werden zum Komma,
Zum Semikolon;
Zum Doppelpunkt:
Gar zu einem BuchstabeN
Punkt. Punkt. Komma, Strich -
Fertig ist das Smiley
:,)
Gott war nur ein Gedicht
G
O
T
T
((:))

Die Perfektion
Diente den Menschen
Als Telegramm
Des Ungenügens
Von Zufriedenheit

Zufriedenheit ist ein Zustand
Der den Überlebensinstinkten
Der Unruheorgane nicht gefällt
Dieser Organismus ist nicht
Zum Glück gemacht
Nur wenige Mikroben
Zieht der Zucker an

Kaufen sie jetzt
Die lauteste Stille
Für nur null db

Like

Like

Like

Dislike

Dis like De Democracy

Dislike

Dis like

Is like love

Ich flüster nach Hilfe
Und keiner hört mich
Warum
Frag ich mich
Fragen/Zeichen

Aller Verlust
Ist Vorübergehend
Diese Zeilen
Dein Finderlohn

The Author
Of any-thing
Is the universe
Human genius is a lie

I am german
This poet's germ-ain't your brother
Its my brain that creates it all
I am in (to illusions)
You are a stranger
Humans are from africa
Life is merely anything but sperm
On its way to greatness
We are clusters of cells
My age:
4 billion years
Im Prinzip
I guess

They told me my identity
My very inner forms
Now i live a life
Bound by deceptions
I wanna become
A summerstorm

YouAreAGermAintYourBrotherImYourMother
Planet Earth

Hast du was Neues?
Neu
Ist
Nur
Dein Glaube

So lange würfeln bis die Würfel
Auf der Kante stehen bleiben
(Das Spiel zu Ende geht)
Und das Universum schließt

Ich bitte um Eintritt
Ins Reich der Antworten
Auf große Fragen
Doch auf dem Schild steht
Geschlossen
Kein Zugang für Menschensinne

They dive into the darkness
Fusioning fingers
In projectory of light
Shadowplay for perverts

Ein Mensch galt als großer Schauspieler
Er vollführte ein bedeutsames Stück
Der Vorhang wird gelüftet
Es waren doch nur Quanten
Die sich zu Sinn verbanden
Und eine Riesenportion Glück

Bevor ich überhaupt noch was mache
Muss ich erstmal Energie aufladen
Das Schöpfungsgeschäft ist sehr anstrengend
Fortsetzung folgt
→ Auch Gott ruhte am siebten Tage
Und dementsprechend erschöpft
Ward sein Werk

Die Lyrik gibt zu kauen
Da braucht man starke Zähne
Sich eine feste Masse bauen
Die Proteinfaltung mit Worten wählen
Kannst du die Kugelpoesie
Mit unebenen Flächen
Computergeneriert mit Zeichen spielen
Die Hauptsache: Ein lächeln
blitzeblank animiert
Wie!?

Dichten - höchste Kampfkunst
Ein Kampf mit dem Sinn
Dieselben Gehirnzentren
In meisterhafter Form
Hyperaktiv

Was spricht gegen die Flecken
Was spricht gegen den Dreck
Auch mal anecken!
Mach dich öfter schlecht!

Ich laufe die Treppe hinauf
Die Treppe zur neuen Welt
Nehme Teil am Seinsschöpfungslauf
Du bist
Mein Held
Wir sind
Schön (mehr als das, nicht so schwach!)
Das sowieso
Für dieses Werk
Erwarte Ich
Lob

Aufmerksamkeit
Ist die Nummer Eins
In meiner Welt
Mehr wert als alles Geld
Sie kann dir Glanz zu allen Zeiten bringen
Und jedes Herz in windeseile leicht gewinnen
Gib ihnen dein Sein
Sie sagen nicht Nein
Und freuen sich über dein
Kleines bisschen
Aufmerksamkeit

Als kleines Geschenk
Zum Geburtsjahr
Ein ganzes Universum
Für dich
(In ewiger Wiederkehr)
Das ist die neue Virtualität

Viele virtuelle Welten übersprungen
Auf der Suche nach dem Weg zur warmen Welt
Ob ich jemals für mehr als einen Moment
Zwei, drei, oder sieben
Die Kunst der Freude kennenlernen werde
Steht in den digitalisierten Sternen
Den Programmierungsskills meiner Sinnsphären
Glück auf!

Es gibt noch Großes zu vollbringen
Said no human ever
Aber im unsagbar Winzigsten
Gibt es dann doch noch viele Pfade
Die man versuchsweise erforschen kann

Verrückt zu sein
Bedarf des Mutes
Gutes
Ergibt sich kaum aus Recht
Niemand kann so sein wie ich
Denn ich bin nicht
Glaub es
Sei du selbst
Dein Gedicht

Jo-y to the world
Ja-zz to the poor
Ji-zz to the rich
And Yes zu Sex

Find ich gut
Find ich schlecht
Find ich nicht
Finde dich!

Wenn du dir mindestens
Sieben verschiedene Antworten
Auf den Sinn der Frage nach der Absicht gibst
Werde Ich es dir
Ganz sicher
Offenbaren

This
Is
Nothing

Life is a joke
Don't you ever act like
It's anything serious
Stay in control
Of your freedom

Mit Mut und Risiko
Ist uns auch die Lebendigkeit
Abhanden gekommen
Passivität und Bequemlichkeit
Herrschen in der Freiheitsverarmung
Es gibt keine Abenteuer mehr
Bloß teure Abende

So jung sein
Dass nur ein weiser Alter
Vor'm Übermut bewahren kann
(Props gehn raus an Sokrates)

So alt sein
Dass nur ein energiegeladener Jungspund
Noch für wahre Veränderung sorgen kann

Jede menschliche Regung
Ist ein Zeichen von Übermut
Ein großer Zweifel haftet allem Sinn an
Unser Dasein
Ist in seiner organischen Unbestimmtheit
Damit direkt einhergehend
Ein stets InFrageSein
Nichts ist sicher
Glaube daran!

Im fühlen der Musik
Hört die Lüge
Endlich auf
Zu reden
Und lauscht bloß
Der vagen Klarheit
Der Verstand ist in Sicherheit

Ich spüre
Den Nachgeschmack deines Kusses
Auf meinen wunden Lippen
Und brauche erfüllt von Zufriedenheit
Nichts weiter

Es reicht mir bereits
Einfach zu Sein
Ich habe keinen Bedarf
Am andauernden Mangel teilzunehmen
In dieser genötigten Welt
Fehlt es an Eigensinn und Selbstbeherrschung
Der Abstand zwischen
Wollen und bekommen
Ist ein Anlass zur Dankbarkeit

Stärke
Bedeutet für mich
Keine Stärke mehr nötig zu haben

Zwischen Plato und Aristoteles
In der Schule von Athen
Sehe ich Sokrates
Vom Umfeld in den Mittelpunkt gerückt
Mit einem erhabenen Lächeln auf den Lippen

Das Höchste was ein Mensch erreichen kann
Ist wieder Kind zu werden
Nur die Stärksten können diesen Pfad entbergen
Das was ihr peinlich nennt
Soll mein Wegweiser sein

Wir tanzen
Tanzen
Im Anblick ferner Sterne
In dünnen Atmosphären
Absolute Erfüllung
Props gehn raus ans Universum
Gute Arbeit
Mit Allem
Grüße an das große Nichts
Seltsam Hier zu Sein
Doch sehr sehr schön
Alle sagen zueinander:
Ich liebe dich
Dafür dass Du bist

Mensch
Du bist Gut so wie Du bist
Ich hoffe du weißt Es
Du bist Alles
Du bist Nichts
Du musst gar nichts leisten
Nur vom schwachen Sinn befreien
Zur Dunkelheit im Licht!

Sich den Sinn ertanzen
Sich die Ideen ertanzen
Sich die Freude ertanzen
Probieren sie es mal
Musik an
Ans freie bewegen gewöhnen
Nicht beurteilt werden
In den Groove gelangen
Dann kommt
Es schon
Das Gute
Jenseits veralteter Kategoriengrenzen

Wo sind meine Jünger!?
Sie werden gebraucht
Ich habe eine neue Welt geschaffen
Die es zu verbreiten gilt
(Warum immer alles verbreiten!?)

Spare nicht mit Zuspruch
Ein like kostet nichts
Er reflektiert
Ach komm!
Das bisschen Energie
Du bekommst stets mehr zurück
In der Gabe liegt das Glück
Genetisch bedingt

Focus
Work hard
Connect
Strive
Haha
Stfu
Don't listen to them
Just do nothing
As a driven being
Overcome its conditio
This is the next level

Ein Philosoph
Ist jemand
Der Probleme
Benötigt

Wissenschaftler
Sind solche
Die ihre Unruhe und Unsicherheit
Zum Programm gemacht haben
Um die Anderen
Durch Zweifelinduktion
Zu beherrschen
Die edle Absicht kommt immer danach

Doch vernachlässigt dies nicht das Staunen
Als eigener Anlass,
Eigene Betriebsqualität?
Ja
Das tut es

Wer weder Wissenschaft
Noch Philosophie betreibt
Kann nur ein Knecht sein
Ohne Wertung
Ist das möglich?
Nein
Das wäre eine fragwürdige Verzerrung
Operativer Gleichzeitigkeit
Organischer Komplexität

Gedichte
Im Idealfall
Zu Denken gebend

Leben
Im Datenmeer
Deren Zeuge schwache Sinne nur
Durch die Beteiligung
Codierter Empfänger werden
Hochpräzise EMW Sequenzen
Die Alles durchdringen
Uns mit dem Sinn füllen
Auf den der geknechtete Neuheitstrieb
So heiß ist
Und so steht es auch mit allen übrigen Weltreizen
Deren Zeuge ...
XYZ

Für wen schreibt man wenn man schreibt
Für Sie?
Für Uns?
Für's Xem?
Für die Eitelkeit?
Keine Ahnung

Ach da fängt's wieder an
Das menscheln
Was tue Ich für Dich
Was tuest Du für mich
Du schuldest mir Dies
Du schuldest mir Das
Ach Leute
Behebt doch diese
Konstruierten
Mängel
Befreit euch von der biologischen Last

Sei attraktiv!
Dies
Ist sehr wichtig für die Fortpflanzung
Und wie!
Die sexuelle Selektion
Mäht dich nieder
Wenn du kein Glück hattest
Mit deiner Fitnessentwicklung
Menschen sind scheiße

Ich habe mich bei der Gesellschaft angemeldet
Um am Fortpflanzungsgeschäft teilzunehmen
Doch die Willigkeit der Weibchen
Ließ zu wünschen übrig
Also meldete ich mich wieder ab
Und ging allein meine eigenen Wege

Variationen über die Vertiefung:
Unsere Physikae kreuzten sich im Stickstoffmeer
Ein großer roter Feuerball stand hoch im Zenit
Im Wasserfluss erlangten die Berührungssinne
schönsten Wert
Dein Zellhaufen lag in den starken Armen ohne all
den Ernst nun gar nicht schwer
Und Ich habe mich in die Materie vertieft
//Mein Leib hat sich in dein Sein vertieft
Und traf auf feste Geschwüre von Sinn
Wir kneteten fest und errangen den Sieg
Nun ist es ein fließender Finger
Der in diesen hochheiligen Eingeweiden liegt
Ein starker Zellstoß der durch warme Flüssigkeiten
rinnt
//Durch die Küche tanzend kannten wir uns nicht
Auf der Wohngemeinschaftsparty stieg der
Stellungswert der Spontanität
Wir stolperten ins Schlafzimmer abseits vom Licht
Und das Biochemiestudium hat unser Interesse erregt
Du packtest mich. Ich wurde steif
Und die Klamotten flossen ab vom Leib
Drang ganz instinktgetrieben in dich ein
Dein heißer Atem flüsterte: Ich find dich soooooooo
unendlich nice – Und das Hiersein wurde weit+reich

Wer braucht schon sogenannte Realität
Wenn er vor Phantasie nur so überfließt
(Sein ist ein Kampf um das Ausmaß an Realität)

Große Phantasie
Ist das was fließt
Und nicht verhärtet werden muss
Zur Ideologie
Hihi

Hörtest du bereits
Vom Dichter der alle Gedichte dichtete
Der wie in babelschen Bibliotheken
Sinnmöglichkeiten algorithmisch verschichtete
Der alles schuf was es zu schaffen gab
Und über die großen Leistungen der Menschen
Hat er nur gelacht

Ich mach mich auf
Gedichte backen
Das Rezept:
Die unbewussten idealen Formen
Nach denen Es sich
Intuitiv richtet
Wortspiele und geschicke
Die der organisch angeregte Betrieb
Kommunizierendem Bewusstsein lichtet
Die Zutaten:
Viel Vorbildzufuhr
Körperstoffe
Zeit zu reifen
Reichhaltige Nervennahrung
Versuche die die Fähigkeiten weiten
Sehr viel schreiben, streichen und neues einleiten
Schließlich:
Nachdem der organische Backofen
Das verdichtete Gebäck aufgehen ließ
Das Kunstwerk mit Kumpanen teilen

Statt sich gegenseitig
Mit Ideologien zu belästigen
Endlich zusammenreißen
Den Schwachsinn wegtanzen
Begriffliche Trennungen überwinden
Bis sich die Einsicht durchsetzt
In das was wirklich zählt ;)

Schau dort oben
Ein Stern
Der sich nie
Für deinen Namen interessierte
Ein schwarzes Loch
Das sich für keine Femtosekunde deines Lebens
Einen Dreck um dein Dasein schert
Ruf dir das ins Bewusstsein
Das Gehirn täuscht dich mit Wert

I
Tried
To
Marry
Christmas
I fell in love with it
I felt deeply connected
It was just magical and beautiful
Like
Nothing
Else
Fulfilling
I felt very affected and finally accepted
- they said:
It's only an idea
I told them:
So is the person
A supercharged chaos of cells
And they realized:
We lived a lie

Die schwache Vorstellung
Dass irgendetwas bedeutsam ist
Hat nur innerhalb der Menschensinne
Eine Berechtigung
Und doch ist es eine automatische Idee
Von allergrößter Tragweite
Die Grundlage alles anhaltenden Handelns
Noch nicht wirklich begriffen
Noch kein Allgemeinwissen

Keine Zeilen wurden geschrieben
Kein Werk wurde beendet
Keine Korrektur wurde angefertigt
Keine Veröffentlichung wurde gefeiert
Kein Geld wurde gemacht
Keine Anerkennung wurde gewonnen
Keine Interviewanfragen wurden abgelehnt
Keine Bedeutsamkeit wurde sich eingebildet
Keine Kritiken wurden geschrieben
Keine kalte Selektion hat stattgefunden
Kein Ruhm hat sich eingestellt
Keine menschliche Überheblichkeit wurde
vergessen
Kein Außerirdischer hat gelacht
Überall ward nur dunkle Nacht
Auch das nicht
Kein Witz

Süße grüne Nicht-Wein-Trauben
Schöne rote Nicht-Rosen-Lichter
Schnelle weiße Nicht-Menschen-Samen
Große braune Nicht-Baumstamm-Gewässer
Lange graue Nicht-Stein-Brücken
Starke farblose Nicht-Neuronen-Sätze
Wilde gemischte Nicht-Supernova-Bodenschätze
Doch – Ob So, ob So – aufeinander verweisend
In ihren Möglichkeiten

Schau das Lichtfeld draußen
Wie es sanft das Werden überzieht
Wie die Vögel zwischen Windeswellen schaukeln
Und das Sein null Kilo wiegt
Edelweiße weiche Wolken wie ein Hauch von
Seidenstoff
Kuscheln mit dem holden Blauen
Umarmungen der Lebenskost
Und ein kleiner Sternennachfahr
Auserwählt zum miterleben
Ergötzt sich an dem Sein als Herkunftsrater
Glaubt sie wundersamerweise einzusehen
Seiner Sinne Sinngenese
Doch das Spiel zieht unbekümmert weiter
Reagiert in Oktillionen zeitgleichen Optionen
Und der Lichterreize reines rinnen wird im
Elektronenreiben immer reicher
Ach doch!
Inmitten dieser wärmenden Erscheinungsweite
Lässt sich gut und gerne wohnen

Eine Zeile wie ein Windhauch
unscheinbar und leise
Unmöglich durch Worte zu beschreiben

Reist mein Mann durch weiße Weiten
Nutzt er stets die Winterreifen
Bin ich dabei
Ist er sehr vorsichtig
Denn da hat er
Wertvolle Fracht bei sich

Europa
Das ist die Gegend
Wo die Leute wohnen
Die die Armen
Anderswo
Leiden lassen

Die Kalligraphen
Des Kosmos
Sind die Kräfte
Die das irdische Dasein
Seine Gedanken und Gefühle
Als Bosonen und
Menschensinngerecht codierte Wahrnehmungs
Live-Übertragung und Konstruktion
Zu einem Schauspiel der Organismen
Zur Komposition von Materiebewegung machen
Deren künstlerischen Charakter
Wir noch nicht wirklich verstanden haben

1000000€
Hast du schon eine Idee was du damit machst?
Ich habe mir ein neues Leben gekauft
Heut ist das der Normalverlauf

Ein Blick in den Gedichtegarten
Offenbart dir allerhand
Heilsame Pflanzenarten
Hohe tiefe Gräser
Die dort wohltuend wachsen
Und weitaus mehr Nutzen
Für das gute Leben haben
Als all die schwachen
Technologien und Wissenschaften
Deren Überfluss sie nicht verkraften
Allein die unscheinbaren Früchte
Die dort gepflegt von Starksinnästen hängen
Wären genug an Erfüllung
Sind für sich schon höchste Lüste
Stattdessen stecken die Allzu-Menschen
In den Immer-mehr-Produktionssuchtfängen
Die sie im Dienst von Selektion und Anerkennung
Im ringen um Rang und Macht
Getrieben von ihrem Organismus
Noch nicht ruhen lassen
Und Freiheit bleibt ihrem Wahn ein Fremdwort
Da sie im alten Kampf zwischen Natur und Kultur
Ihr Ameisensein mehr als alles Denken achten
Wir leben in der Tyrannei der Technik
Es wird Zeit für mehr Ausgewogenheit

So einfach ist es nicht
Nimmer und nie
Im globalen Versorgungsspiel
Sorgt die Konkurrenz schon dafür
Dass das Band am laufen bleibt
Dass Daten <- und -> Waren
Fleißig fließen
Man verdichtet sie
Mehr und mehr
Die zur Verfügung stehende Zeit
Irgendwie müssen alle erhalten werden
Doch dies ginge sicher auch ganz anders
In der Stärkung unser ZusammenSeinsSolidarität
Im Glanz besinnlicher Gedichte
Wenn wir der Reflexionskunst Schätze erben

Ich küsse deine Gedanken
In denen schwache Sinne
Ihren Heiland fanden
Ich küsse deine Fantasie
Sie erweckte die großen Träume
Deren Kraft noch in mir schlief
Ich küsse deine Fragen
Sie befreiten mein getriebenes Sein
Als sie die Vagheit alles menschlichen erahnten
Ich kann dir nicht mit Worten sagen
Wie dankbar Ich dir bin
Drum küsse ich dich überall
Bis Wir
Überwunden sind

Ich schwieg (nach) über den Sinn
Und eine ausgiebige Zählung
Kam auf Eins
Das wir Alle sind
Ein Durcheinander
Von unendlichen Feldern
Das doch als
Ein kosmisches Geschehen
Zusammenschwingt
Und dessen wirre Wirkungsweise
Sich wie gewohnt
Ein irritiertes Tier zusammenspinnt

Wenn nur ein Wort zu sagen wäre
Dann wäre es ein langer Kuss
Der jede Zelle deines Seins berührt

Ich habe drei Tage
Einfach da gelegen
Und geruht
Denn ich erkannte
Freiheit bedeutet
Sinnlos zu träumen
Und nichts zu tun

Die Eigenschaften des Kosmos
Sind die evolutionären StringaspektEin-bildungen
Unser finegetunten Körperstoffe
In ihren Sinnesversuchen
Die im Grunde auf dasselbe hinauslaufen
Und sich aus sehr ähnlichen Spielregeln
Mit ganz schön viel Schmackes ergeben

Sweetheart
Sende mir dein Wlan Passwort
Damit ich mich
Endlich einloggen
Und mit dir verbinden kann
In Highspeed Downloadraten
In deinen Datenkosmos verschwinden kann
Dein schnelles Netz öffnet mir viele neue Welten
Die sehr sinnlich sind
Und superschön

Im warten auf eine Veränderung
Sind tausend Leben verloren gegangen
Es liegt an dir

Das Leuchten der Steine
Fasziniert unsere Sinne so sehr
Doch warum!?
Was geschieht in den Gehirnen?
Wo liegen die Erfahrungen
Deren neuronaler Schock
Aus der Trägheit herauszureißen vermag
Wo liegen die Antriebe für den Umschwung
Erstarrter Netze

Er führte mir etwas vor
Sie legte sich ins Zeug
Er zeigte mir sein Können
Sie lieferte eine Performance
Und klingelte mit ihrem Geleut
Ich sah es mir an
Hier:
Eine große Portion
Aufmerksamkeit
Für dein Dasein

Zwischen Lyrik
Und Mathematik
Gibt es keine Unterschiede
Die erwähnenswert wären

Der Dichter
Ist ein Handwerker (- Craftsmen)
Ist ein Schmied
Der eine andere
Bedürfnisklasse
Bedient

Ich bin der Rockstar der Poesie
Man sollte einander
Für seine Schöpfungen feiern
Die Poesie ist der Rock
Für die den Triebunterdrückten
Den Dienern der schnellen Reize
Die Ruhe fehlt

Der Mensch
Ist ein Affektknecht
Von Berufung
Organe die sich am Leben halten
Gehen mit Gefühlen einher
Die regelmäßig aktiviert werden müssen
Um die Balance halten zu können
Ansonsten gehen sie unter
Durch die Möglichkeit selektiert zu werden
Und seine ach so besondere Ausstattung zu
verlieren
Im andauernden Erhaltungsringenfitnesstest
Ständig vom Aussterben bedroht ist
Der Mensch

Wie der stolze Wasserstrahl
Eines barocken Springbrunnens
Ist auch der Dichter ein Sinnspender
Der neue Sprachspiele
In das Leben zu bringen vermag
Und mit verlockenden Erfrischungen
Den Neuheitstrieb
Das beruhigende Gefühl
Eines gestifteten Zusammenhangs
Zu beliefern weiß
Die Moral ist ein Kampf
Der in jedem Satz
Zwischen sieben Illusionen ausgetragen wird
So ist auch die Mathematik
Ein größerer Kampf
Um die Selbstbeschreibung
Von Gehirnoperationsweisen
Des Seins
Der Formen
In Etwa

Die Japaner
In unseren Fernbedienungen
Äußern sich in den mechanischen
Umwandlungen der Energien
Und den Überresten
Der feinen Finger
Molekülabdrücke
Die das Material
Einfühlsam
In Form brachten

Gierig nach Schokolade
Sind die Darmbakterien
Die den Zucker für sich haben
Wollen?
Das Bewusstsein dient ihnen gut
Zur Lenkung der Aufmerksamkeit
Wer die Vormacht erringt
Ist am Versorgungszug
Im Sinne der größeren Glieder
Einer Zwischenwelt
Quantenkosmischer Maßstäbe

Ein Wesen zu finden
Dem man nichts mehr zu sagen hat
Und somit Alles
Das wäre Erfüllung

Alles was Ich schreibe
Alles was Ich lese
Alles was Ich leide
In die Sinne aufnehme
Mein ganzes Leben
Geht an der Welt vorbei
Und wird im physikalischen Fluss verschwinden
Direkt nachdem es aufgekommen ist
Die Zeit ist ein Seinsversuch der Materie

Jede ach so feine Speise
Ist bloß ein Haufen Scheiße
Die noch nicht verwandelt wurde

Kunst
Ist die Art der Nahrung
Die bei Aufnahme
Nicht ärmer
Nicht weniger wird
Sondern unendlich erweitert
Jenseits aller Knappheit

Ein paar Tage Ruhe
Vor der Liebesbelästigung
Mit der die dopaminbedürftigen Organe
Unbedingt ihre Leere füllen wollen
Erst dann wieder
Dem großen Behagen hingeben
Das dem Erhalt von Stoffwechsel
Formenlegitimationen dient

Die Not
Wartet immerzu darauf
In der Erfüllung
Entzaubert zu werden
///
Daher kann nur die Überwindung
Der Erwartung als Lebensleine
Wahre Erfüllung gewährleisten

Das Leben
Ist eine einzige Manipulation
Tatsächlich:
Eine sehr abwechslungsreiche
Mischung aus Manipulationen
Von denen man im verschiedenen Maße
In jedem Moment des Daseins angegangen
Und in Form gehalten wird
Welche genau dies sind
Ließe sich leicht in einer eigenen kleinen Liste
Auflösen:
.....

Jedes Schweigen
Ist ein Protest
Gegen All das
Was uns verbraucht
Und belügt
(Sein: wortlos geschätzt)

In Zeiten der Reize
Vermisst man das Schweigen
In Zeiten des Schweigens
Vermisst man das freie
Unbeschwerte Treiben

Das Leben
Ist eine Aneinanderreihung
Verworfener Pläne
Vergessener Ideen
Aufgegebener Hoffnungen
Unendlicher Auslassungen

.

.

.

Abhaltender Ängste
Nicht eingegangener Risiken
Von Diesem und Jenem
Das nicht ins Leben kam

Wir bauen uns einen Lebensschwerpunkt
Der ein Verrat der Kontingenz
Eine überdeutete Einbildung
Und doch für das operative Mindestmaß
An Ordnung
Unentbehrlich ist

Die Furcht davor
Sein Leben
Aus der Hand
Der Anderen
In die eigene Hand zu nehmen
Ist die Ursache allen Übels
Unserer Lebenswelten

Das moderne Leben
Ist reiner Ausdruck von Unbeholfenheit
Man geht bequem
Die vorgeschlagenen Pfade
Und fühlt sich sicher dabei
(Die meiste Zeit)

Luxusprobleme
Halten die moderne Dynamik
In Gang
Was wäre das Leben
Ohne die Abwertungsangebote
Der schwachen Organe
Die nach Erleichterung rufen
Und sich dadurch am Laufen halten
Es gibt die Oben für die Unten
Und die Unten für die Oben
Und die Dummen für die Klugen
Und die Kleinen für die Großen
Und die Stinker für die Stänker
Und die Dichotomen für die Denker
Und all die alltäglichen Beschwerden
Über den eigenen Mangel
An Selbstbeherrschung

Das neue Lebensziel:
Allen ähnlichen Wesen
Jegliche Angst abnehmen
Und solche Unsicherheiten
Die einander ohne Beistand
Die produktive Unruhe bereiten
Durch höhere Gefühle ersetzen
Wo sie die Schöpfung aus dem Staunen
Aus Freude und Vertrauen schätzen

Der größte Dichter den es gibt
Ist das kosmische Geschick

Einen Satz lesen
Und schon werden
Wortkaskaden
In den Gehirnen angeregt
Deren hochfrequent schwingende Wellen
Im Bewusstsein angeschwemmt werden
Und schon ist da
Eine neue Schöpfung

Für alle die vor uns
Ihr Leben gaben
Damit wir diese tollen Lebensmittel haben
Entweder
Waren sie sehr mutig
Oder sie waren sehr hungrig
Den Biss in dieses unbekannte
Wunderwerk zu wagen
Die Erfinder werden stets gelobt
Doch die ersten Esser
Gelten nicht als groß
Dieser Fehler wird von mir hier korrigiert
Indem der größte Dichter Deutschlands
Ihre ungeheuren Taten versifiziert

Der Mensch
Will stets
Bedeutung haben
Obwohl in hunderttausend Jahren
Niemand
Wirklich niemand mehr
Nach menschlichen Gefühlen
Fragen
Wird

Wie Leben ineinanderfließen
Wie der eine Stoff zum Nächsten weht
Unbeachtet Zellen zwischen Wesen wandern
Und plötzlich mit dem Unbekannten
Genau die gleichen Wege geht
Wie eines in dem andren steckt
Und aus den Kreisläufen geworden ist
Durch viele Jahre durch Organe reiste
Und dann auf seine alten Partner trifft
Um vier bis x Ecken
Sind wir alle Geschwister

Überall werden wir abgehängt
Vielleicht sollten wir uns lieber
Abknüpfen
Von den selbstverständlichen Praktiken
Die für überflüssige Probleme sorgen
Und weitaus unabhängiger
Andere Wege gehen
Ihr Deppen

Die Religionen
Und ihre Rassisten
Sind nächste Verwandte
Denn sie sind Beide
Unterstützer unverspielter Gefühle
Verfechter des begrenzten Denkens
Arm an Zweifel

Das Universum
Das Meer aus Sternen und die Erde
Haben schon jede Krise überstanden
Und so wird es ganz natürlich
Auch diesmal sein

Wer in Not ist
Hat keine Zeit
Für die Not
Nicht wie Wir
Die die Langeweile
Mit Leiden vertreiben
Anstatt uns aufzuraffen
Wir dürfen uns nicht alleine lassen

Zu langsam für die Welt sein
Oder die Welt zu schnell für den Menschen
Dessen Gefühle in der großen Beschleunigung
Dem maschinellen prozessieren
Immer näher kommen
Und alle edlen Regungen sich
In der Technikhegemonie
Mehr und mehr absterbend
Auf ihren allmählichen Untergang vorbereiten
Diese ganze Gesellschaft
Geht von den falschen Grundsätzen aus

Originalitätsproduktion
Ist kein einfaches Handwerk
Doch man lässt sich gerne
Von den Mechanismen der Organismen
Für seine Schöpfungsarbeiten belohnen
Und wähnt sich kurz in Bedeutsamkeit
Bis die Sonne untergeht
Und man an Raum und Zeit erinnert wird

Die alltäglichen medialen
Sentimentalitätsbeschwörungs
Und Affekterregungseinheiten
Am Abend
Sind die Bindungsmittel
Die das falsche Leben am laufen halten
Nur eine Lösung:
Abschalten!

Das Licht
Das Licht
Beobachte einmal achtsam
Nur das Licht
Das Licht
Wie es bricht
Das Licht
Das Licht
Wie es erweckt
Das Licht
Das Licht
Wie es erhellt
Das Licht
Das Licht
Wie es fokussiert
Das Licht
Das Licht
Was es alles macht
Wie die Welt erst dadurch wird
Das Licht
Das Licht
Bedenke das Licht
Durchdringe das Licht
Werde das Licht
Das Licht

Das Leben
Geschieht
Als Erleben
Es ist nicht das
Was wir darüber erzählen
Es war wie es war
Und geschah wie es geschah
Und in einem winzigen Winkel
War es immer mehr und immer weniger
Als das was jemand drüber sagt
Doch das an den Rand gedrängte dichten
Wohnt im Grunde allen Dingen inne
Und macht die vage Welt erst wahr

Unser Reichtum hat uns arm gemacht
Im Passivitätsüberfluss sind wir abgeflacht
Zu sehr auf Produktion und Waren fixiert
Zu wenig alternativen Sinn reflektiert
Alles Wesentliche steht frei zur Verfügung
Doch anstatt uns auf eins zu konzentrieren
Müssen wir überall dabei bleiben
Uns mit innerer Leere vergnügen
Und nichts wirklich beherrschen
Das Primat des Materiellen
Hat uns des erhabenen Daseins beraubt
Nur die Bedürfnisüberwindung
Schwacher Reizangebote
Hebt das Ungleichgewicht auf

Mond über dem Wolkenmeer
Wo krieg ich nur meine Metaphern her
Ich bete zum Kopf dass er mir weise Wort bringt
Die herzlichsten Verse von denen ein zärtliches
Wesen je singt
Doch keiner weiß von Anfang an
Was er alles schreiben kann
Die Frage wäre an die Physik zu wenden
Solche Sphären die Identitätsideologien nicht
kennen
Wie wäre es möglich sicher zu stellen!?
Tja..

Gänseblümchen Gaumenfreude
Eselsbrücken Erfahrungsschatz
Dauerbrenner Denkanstoß
Irrglaube Inspirationsquelle
Chaosqueen Chamäleon
Hauptsache Heimlichtuer
Tapetenwechsel Traumkulisse

Einfallsreichtum freut den Künstler
Da dankt er dem Gehirn
Dass es an diesem Tage für Muße sorgte
Gern lässt man sich Esprit serviern
Dann geht man gleich zum kleinen Schreibtisch
Dessen Synonym das Smartphone ist
Und labt sich an dem leckeren Gericht
Mit einer zusätzlichen Prise Witz
Dann feilt man noch mit etwas Salz
Und sonstigen Gewürzen
Stopft Mischung nach Mischung in den Hals
Um beim experimentieren zu analysieren
Um Hier und Dort den Überfluss zu kürzen
Schließlich ist die Mahlzeit zubereitet
Und man teilt sie eifrig mit den Freunden
Bei dem göttlichen Gespeis geweitet
Von den nächsten Gaben träumen

Sein nicht sagen
Sondern atmen

So lange Erfolge verzeichnen
Bis der Zweifel an der Bedeutsamkeit
Höchst unwahrscheinlich geworden ist
Und die Erinnerung an das verfallene Sein
In weite Ferne gerückt wurde

Über zehn Generationen
Eine Sprache physikalischer Flüsse leben
Durch eine Veränderung des Welterfahrens
Des thematisierens, fokussierens und denkens
Neue Arten des Seins entstehend
Die sich auch im biologischen Sinneswahrnehmen
In Richtungen erhabenen Werdens begeben
So lässt sich durch scheinbar kleine Schritte
Genabdrücke - und Aktivierungsfrequenzen
Grundlegende ZusammenSeinsweisen
Frische Umgangsformen einverleiben
Das gute Leben in die Zukunft senden

Alles wollen sie analysieren
Den Lebenslauf des sogenannten Autors
inspizieren
Doch suchst du mit ehrlichem Herzen nach den
Quellen
Sind dort nur Kontingenzen zugegen
Zugefallene Äußerungen
Die für jedes Erdenwesen gelten
Und sich mit dem Anschein
Des Individuums verkleiden
Der Rest: Kurzweilige Wellen

Ein Leben lang
An einem (kosmischen) Moment abarbeiten
Über das Persönliche hinaus
Das hieße:
Commitment,
Die Sache mit der vielbeschworenen Wahrheit
Zum ersten Mal wirklich ernst nehmen
Und doch an deren Irrsinnigkeit ver-zweifeln
Ein kleiner Ausschnitt genügt für etwas Sicherheit

Zu verstehen wie unendlich zart
Das menschliche Dasein ist
Hieße endlich einzusehen
Was uns all die Härte bringt

So lange in die Sterne schauen
Bis du den Implikationen ihrer Anwesenheit
In einer Linie mit deiner Genese
Gewahr geworden bist
Und die schöpferische Atmosphäre
Im Umkreis ungeheuerlicher Kräfte
Dein schwächliches Sein
Auf eine neue Stufe gerissen hat

Der beste Echtzeit Mathematiker der Welt
Ist der wilde Mischmasch meiner Gehirne
Welcher als Hochgeschwindigkeitsrechner
Alle Supercomputer der Welt intuitiv überbietet
In Sinnesbildung, Sport und Kunst
Die Formentwicklungen blitzschnell erfasst
Und über anmaßende Formalisierungsversuche
Wohlwollend lacht

Wir brauchen die Bestätigung
Wir brauchen Misserfolge
Ich bestätige dich für den Misserfolg
Damit wir mehr an die Kraft der Fehler glauben
Erst Misserfolge weisen den Weg
Erst Misserfolge weiten die Welt
Sie zeigen den Zellen was es zu Sinnen gibt
Wo die Gesetze von Innen und Außen gelten
Erst die Bestätigung gibt uns das gute Gefühl
Sei es auch aus Regie
Internalisierter Ideale
Auf's geratewohl
Zwischen Bedeutsamkeiten wühln
Die hohe Luft des nicht er-folgens atmen
Stattdessen warten
Warten
Auf's geratewohl
Versagen wagen
Die hohe Luft
Des Lernen's
Der großen Stärkung
Atmen

Dreh das Blatt zur Seite
Dann wird sich vor deinen Augen
Eine neue Sichtweise ausbreiten
Aus dieser Perspektive
Ver-steht man die Architektur des Gehirns
Als die einer abstrahierten Großstadtfassade
Das quergestellte Gedicht
Deren besondere Frequenz
Man als eine Textkurve
Als Tonausschlag erblickt
Die Sprache ist eine Ableitungsfunktion
Neurokognitiver Sinn(vermittlungs)versuche

Ich stell die Kleidung in die Dusche
Doch stell mich nicht dazu
Um den Schein der Reinheit zu wahren
Reicht es das Outfit zu baden
Den Oberflächentrug(bezug)
Das war eine kurze Geschichte darüber
Wie ich meine Außenwirkung wusch

Fit   Fit

Man versteht den Doppelsinn

To Get Fit

To Fit

Into Society

Anpassen

Mach mit

Wenn nicht

Get Rid

Stay in shapes

That follow the ideals

That lift

You into the mist

Of unquestioned hits

Out - side - fit

Inside

Nicht

Very wise

Full of lies

What if

I quit

Transmit

My wit

Misfit   Misfit

Die Lyrik ist wie die Mathematik
Eine Verfälschung der Welt
In festen Formen
Die zwar konzentrierte Erkenntnis ermöglicht
Aber ihre Berechtigung
Nur in ihrem eigenen Phantasiedasein findet
Dass durch neue Handgriffe
Auf die Materialisierung rekombinierter Formen
Übergehen kann

Dass die Menschenwürde ein netter Versuch ist
Zeigt sich an den Grenzen der Toleranz
Wo das Verwirrende
Normabweichende
Verächtlich abgeblickt wird
Nicht einmal die Anwesenheit
Des Anderen auszuhalten
Spricht nicht gerade für den Menschen
Der ein sehr schwachsinniges Konzept ist

Was gibt es Neues aus dem Land der Neuronen?
Kann man schon exakte Zellen klonen?
Was hat das Mundwerk als letztes geäußert?
Welche Glieder wurden bewegt?
Welche Straßen sind am entstehn?
Welche Wahrnehmungen wurden gedeutet?
Welche Hormon/Organ/Sinnkämpfe wurden
gefochten?
Welche Netzwerke geflochten?
Meine Herrschaften
Es gäbe viel zu berichten
Doch vorerst widme ich mich
Dem dichten

Geräusche, Gerüche und Ansichten
Berührungen, Geschmäcker und Gefühle
Lassen sich nicht durch Sprache erdichten
Lassen nur in der Simulation von sich wissen
Wie sich die Wahrnehmung
Durch Worte erweitern ließe
Das hat nichts zu tun
Mit medialen Essenzialismen
Sondern einer besonderen Entdeckung der Sinne

Mit einem Satz alles sagen:
Die Antwort auf Alles liegt im Prozess der Fragen
(Sei froh, dass es keine Antworten gibt)

Is this the sound of poetry?
Entering my ear
Ein Enterring wird ihr geworfen
Der berüchtigten Piratin Captain Spear
The eyes were full of fire and fury
The skin was covered in black smoke
Ein Scherz brach durch das Eis zur
Schmerzensfeier
Zwischen Wahnsinnswellen schwankte das Boot
Nachdem das Schiff geentert war
Ergab sich rasch das arttypische ringen
Und man gab ihr einen Rat:
Yo Pirate! Dontcha listen to the music
Eine Liste der Verluste wär sehr müßig
Focus on this moment and then totally loose it
Doch keiner hat den selbstbeherrschten Rückzug
Keiner hat die Überwindung dieses Schwindels
schon gewagt

Gambleing with gold and power
Wildly swung a sword called flower
Keine Worte könnten je beschreiben
With which poetry her bod was fighting
Ihr schwarzgefärbtes Schwert schlängelte sich
Schöngeistig durch Anstürme von Schurken
Sehr schnell erlegte sie den Gegenwind
Und schnitt wie Blätterkreisel durch die Zellen
Die kurz darauf ein neues Werden wurden
The winterlight shone on her dreamy eyes
Dass kosmische Kraft mir Mut verleiht
That we, by now, stood face to face
I guess i don't have to mention
Dafür war es nun an der Zeit
Die zwei höchsten Exemplare
Dieser erdgebornen Menschen
The skin was touched by rain and sorrow
About this strangest way of life
That two men made of the same old substance
That children of a supernova
In great deceptions have to fight
In waterquakes of lowest energy
In wretchedness will die

Ständig müssen sie verkünden
Wie sie etwas finden
Zwangsstörung Selektion
Bricht aus dem Leib heraus
Was es bräuchte wär Sanktion
Immer wenn jemand seine
Unbedachte Meinung kundzutuen glaubt
Wenn man mal das Haus verlässt
Wird man direkt mit Mist belästigt
Jeder glaubt er hätte was zu sagen
Der Mensch besteht aus hohlen
Zum hunderttausendsten Mal wiederholten
Abgestumpften Phrasen
Noch nie hörte ich originelles
Noch nie äußerte jemand etwas
Dass nicht von dieser Welt ist
Ob sie nicht merken dass sie lebenslang
Auf jedem Erdenfleck dasselbe labern
Es ist mir unerklärlich
Dass sie nicht jedesmal mit Überdrüssen hadern

Bereits in meinen jungen Jahren
Liefern nur Buch und Film noch neue Arten
Ansonsten seh ich sie nur repetitieren
7 Milliarden Menschen die ganze Zeit
Nur Muster klonen und Erfindungslust verlieren
Ihr Dasein gilt bloß dem Bestand
Nichts nimmt man in die eigne Hand
Das sie nicht merken was sie bis zum Ende machen
Das sie nicht auf ihre Lebensweisen achten
Noch leben wir in einer Welt der falschen Neuheit
Noch wiederholen wir das Nachgemachte in
Vollzeit
Ob sich bald wieder wahre Kulturen bilden
Was für ein Quatsch

Wir sind so reich und erhaben uns fehlt bloß die
Technik
Zum zufrieden sein mit der Überwindung
Einer festen Identität
Und doch mangelt es an Virtuosität
Im spielen mit den Formen
Noch leben wir sehr eintönig
Obwohl wir viel mehr könnten
Wenn die Umstände nicht so hemmend wären
Uns fehlen die Räume
Wo wir unsere Potenziale
Ungestört ausleben können
Stattdessen versinken wir in der Passivität
Und verarmen so in jeglicher Hinsicht
Als Entdecker neuen Seins
Konsumierend und klein
Wir treiben bloß dahin anstatt hell wie ganze
Galaxien zu scheinen
Anstatt die Hemmung herauszuschrein
Das wilde selbstherrliche Leben
Stirbt aus
Nein!

Bitte: 200 Seiten zurück
In the eternal circle of screaming and smiling

Von Bildern umzingelt
Werden Sinne durch die Gegend getragen
Man stattet sie mit Filtern aus
Die das Sein mit Sinnzusammenhang beladen
Wer nur minimal abweichendes Verhalten zeigt
Fällt rasch aus dem engen Raster
Der Bewegungsfreiraum bleibt ziemlich klein
Alles mit Reibungspotential
Verschmäht man als Laster
Die Bilder gehen nicht weg
Werden neuronal fein normiert
Erst wenn eine vielversprechende Veränderung
Die Aufmerksamkeit weckt
Wird dort leicht korrigiert
Und ein neuer Glaube, ein neues Programm
An deren Stelle etabliert
Ein reizloses Sein kann wohl nicht sein
Doch wären wenigstens
Die organischen Konstruktionsweisen
Und die Quellensignale frei
Für neue Sinnesarten wird es Zeit

Wir alle leben noch vollkommen falsch
Wie es sich anfühlen würde zu leben
Wenn die Angst und Stressorgane
Erhaben in die Schranken gewiesen wären
Oder absichtlich ihr volles Potenzial
Im richtigen Rahmen ausleben dürften
Die Hormonrangfolgen ganz andere Mischungen
erreichen würden
Neue Stile und Verspieltheiten und Energien
kultiviert werden
Feste der Freude und tiefergehende
Achtsamkeiten und Schöpfungstänze und
Wettkämpfe des guten Lebens und weites Staunen
gelehrt und Liebesselbstverständlichkeiten
veranstaltet werden würden
Ist uns geschwächten Passivitätsknechten
Noch gar nicht zugänglich

Bloß gehemmte Gestalten begegnen dem reichen
Blick
Doch diese können mit seinen Botschaften noch
nichts anfangen
Die verarmten Gemüter glotzen nur stutzig
Wenn ihnen etwas ungewöhnliches erscheint
Obwohl sie sonst so tun
Alles wären sie gegen alles gefeit
Doch sie sind nur gewandt in Oberflächlichkeit
Es tut mir Leid
Dies in diesem Ton zu sagen
Viel weiser wären
Freundliche Aufforderungen und Fragen
Ich will doch nur dass ihr wisst
Natürlich nicht im Sinne
Von Leistung und Optimierung
Dass wir alle noch so viel mehr sein könnten
Wir müssten uns nur trauen
Auf geht's

Was wir sind
Ist so wenig
Im Vergleich
Zu dem was wir sein könnten
In dieser Gesellschaft
Fehlen die Aufforderungen
Zum Tanzen
Man lässt einander desinteressiert
In Passivität dahingammeln

Könnte es nicht sein
Dass keiner von uns
Seine Chancen schon wirklich nutzt
Dass Unsicherheiten uns abhalten
Und hemmen
Dass Unbeholfenheit
Und Übungsmangel
Uns träge dahintreiben lassen
Obwohl es noch so viele
Andere Möglichkeiten und Arten gäbe
Die kurze Lebenszeit zu nutzen?
Wir könnten zum Beispiel:

Dass wir alle bald vergangen sind
Ist der beste Grund
Für Freundlichkeit
Für Gelassenheit
Für Vergebung
Für Erhebung
Für alles nicht selbstverständliche
Ist das radikal Andere
Das immer wieder dazu dient
Nachzudenken
Und sich nach Abwegen umzusehen
Die aus der Infragestellung
Von scheinentfernten Selbstverständlichkeiten
In der Phantasie nach neuen Welten suchen

Du bist der schönste,
klügste,
charmanteste,
bezauberndste
XYZXYC
Mensch der Welt
Nach meiner Norm
Alle anderen Bewertungsinstanzen
Sind egal
Sind schwach
Sind wenig wert
Sind unbedacht
Sind unkultiviert
Sind nicht
Übermenschlich
Genug
Für
Dich

Das Dichten
Ist mit Abstand
Die wichtigste Sache der Welt

Wir alle
Sind viel zu sehr
In der Passivität
Verfangen

Eine Sache:
Ich finde alle Menschen klasse
Denn sie sind alle
Ein ahnungsloser kosmischer Flow
Über den sie keine Kontrolle haben

So lange die Leute
Mit tanzen und staunen belästigen
Bis die ganze Erde
Staunt und tanzt

So hoch fliegen
Dass sie neugierig werden
Und hinterher sprießen
Zu ihren eigenen Sternen

We are all living in Erika
Einer riesengroßen Vagina
Das einzige Weibchen ihrer Art
In der wir alle unser Geschlechtsorgan haben
Sie allein bringt alle Nachfahren hervor
In dieser seltsamen Parallelwelt
Deshalb ehren wir sie als Göttin
Sie dreht und dreht sich um unsere Schlängel
Massiert sehr fleißig die kleinen Bengel
Sorgt dafür dass die Maschinen weiterfließen
Und hält so das Spiel des Lebens am laufen

Weshalb hast du nicht mitgespielt?
Wenn sich schon die Chance ergab
Endlich hat dich jemand gefragt
- Man hat mich zur Hemmung erzogen
Sie meldete sich auch dort zu Wort
Es dünkt mir eine Sache der Wahrscheinlichkeit
Wann und Wo Es schon das freie Leben wagt
Ob Ich tanz bestimmen Zeit und Ort
Doch wie lange noch!?

So lange tanzen
Bis der Tanz zur Normalität wird
Und der Rest verrückt

Humans
The species
That care
About stuff
Imagine meaning
Or act
Like they don't
If though
Organic networks
Are leading
Its senses
No chance
For freedom
Only soft attempts
Of sublime dances

Moderne
Menschen
Leiden
Vor allem
Durch
Die
Ansprüche
Mit
Denen
Sie
Sich
Verkleiden
Der
Anspruch
Hat
Die
Macht
Während
Er
Über
Die
Selektionsschematabewahrung
Wacht

Wir sind die Diener der Ansprüche
Und unsere Ohnmacht hält uns fern
Von selbstmächtiger Zufriedenheit
Diese wieder zu ergreifen,
Das müssen wir erst lernen

Ten thousand chromosome copies ago
One billion cell replications before
Illusions about identity arrived
In an innocent consciousness full of life
I was friendly enough to
Share my sperms
My highclass genes
With a wonderful female
That i met when
I was swimming alone
With rain pouring through the center of my eye
At two o'clock in the night
In a giant puddle pool
In the middle of a quiet main road in the big city
That i just love to dive
Every single time
Society tries
To undermine me with their lies

Kein impressionistisches Gemälde
Kann auch nur annähernd abbilden
Was die verwaschenen Flammen
Der Kerzenschein im Regenschauer
Als Ausdruck von Leben
In den unbekannten Heimen dieser Stadt
In einem sensiblen Zuschauer erregt
Welcher Zauber sich beim einatmen
Des mit flimmernden Lichtern bestickten Flusses
Und der Spiegelung gespülter Umrisse
In die Sinne dessen Begleiters legt
Und doch waren diese Bilder vonnöten
Um den Blick diesen Reizen zu öffnen
Eine neue Schönheit zu ermöglichen

Den halben Tag hadert mein Geist
Als biologische Funktion
Mit der Menschen Existenz
Und ihrer Aussichtslosigkeit
Bis es sich irgendwann aufrafft
Und entschlossen den Entschluss fasst
Deine Sinne waren für heute
Schon lange genug zu weit
Jetzt ist es an der Zeit
Irgendetwas gedankenloses zu tun
In starker Bewegtheit und
Wilder Aktivität zu ruhn

Wir leben in einer Zeit
In der wir Alles machen
Alles werden könnten
Stattdessen
Liegen Wir allein im Bett
Und schauen Netflicks

Die Realität
Ist ein konservatives Konzept
Das in den Computerspielen
Seine Überwindung findet

Die Gesellschaft
Die naturgemäß dumm ist
Erlaubt die Realitätserweiterung nur
Wenn sie einen Nutzen hat
Wir alle
Sind Knechte
Der Realität

Instead of clapping
Inbetween the sets
Like thunderpunches
Wrecking the atmosphere
To never really release
The pent up energy
And let go of inhibitions
In a very weak way
Just to let them sink in again
After a few seconds
They should dance
All the way through
This wonderful performance
To fully live, - embrace the music
In awareness of new senses
Friendly wild beasts
Slumber in every enslaved heart
The power of supernovae
Lies at every life's start
And we make it go to waste
In a world of awe oppression

Sein ist leicht
Vorausgesetzt: Es ist nicht zu heiß

Was grinst'n du So!?
Einfach Alles ist zum lachen
Wer noch nicht lacht
Der ist entweder sehr bedacht
Oder hat das Sein noch nicht verstanden
Stell dir einen Mensch vor
Der immer und überall
Das ganze Leben hindurch lacht
Wie schnell wäre er von Toleranz,
Respekt und Menschenwürde
Ausgeschlossen und dahingerafft
Es sollte eine Lachsprache erfunden werden

Gehe entspannt an den Rand
Dann kommt etwas bei raus
Wag dich den Abgrund entlang
Groß wird wer sich Tiefes traut

Denn das macht den Unterschied
Zwischen all diesen Menschen
Wer sich an den Abgrund tanzt
- Wird sie weitaus übertreffen

Wenn ihr nur wüsstet
Was ich vor dem Schlaf vor Augen habe
Ach was wäre Ich glücklich
Könnte ich solch gewaltige Empfindungen
Auch nur annähernd festhalten und sagen
→

Denn das entlastete (nächtliche) liegen
Ist die goldene Wiege der Inspiration

Etwas ist falsch oder schlecht?
Dann mach es doch anders!?
Wenn etwas So ist wie es ist,
Dann weil man es So sein lässt
Weil Du es nicht verwandelst!

Ich fühle mich gezwungen
Wort für Wort zu reimen
Ein Dichter der nicht dichtet
Kann ich nicht einfach sein
Ich fühle mich gedrängt
Dass Laut auf Laut so passt
Dass fließend kann man lesen
Die Zeilen die ich hass'
Ich fühle mich genötigt
Dass dieser Text entsteht
Damit entstanden jenes
In dieser Welt besteht
Kann nicht einfach jemand
Den Schlussstrich ziehen
Und den Menschen sagen:
Dass Alles wird vergehen

Da reimt sich Nichts
Da wird gefuscht
Kein Wort auf Wort
Da wird geformt
Das Sein des Stücks
Zu anderen bunten Welten
Es wird radiert
Es wird flaniert
Leider allzu selten
Wird Stift gedreht zu Schaffens Grund
Neu ist der Fluss im Tale
Wird gedacht und wird geformt
Das gute Stück paar Male

Da reimt sich Nichts
Da wird gefuscht
Kein Wort auf Wort
Da wird geformt
Das Sein des Stücks
Zu anderen bunten Welten
Es wird radiert
Es wird flaniert
Leider allzu selten
Wird Stift gedreht zu Schaffens Grund
Neu ist der Fluss im Tale
Wird gedacht und wird geformt
Das gute Stück paar Male

Ein letztes Mal im Gedächtnis: ...

Punkt

Der Mensch längst ausgestorben
Vergessen wurde er
Die Erde längst verloren
Im u Punkt A
Das Einzige was geblieben
Eine Platte allzu rund
Spielt tausend lange Jahre
Des Menschen frohe Kund'
Sie fliegt
Sie ist schnell
Ist kaum mehr Menschheits-Samen
Ist alles relativ?
Schallt es leere Fragen
Ihr Ziel so wird es sein
Nach ungefähr n-Zeiten
Der Mensch komplett dann weg
In einem schwarzen Löchilein

Um zwei Ecken synonym
Ergibt der Reim keinen Sinn
Da kommt der Meister Bruder
Und sagt mit tiefer Stimm:
"Hier nimm."
Er legt mir sanft in meine Hand
Ein Wort dass passt so spitze
In meines letzten Wortes Ritze
Da sieht der Leser
Ja oh weia
Der Reim auf Spitze
War scheiße!

Da spricht der Bruder
Goldnes Wort
Erschüttert ganze Welten
Der uns den Eintritt verwehrende Römer
Erhört des Bruders fremde Zunge
Und zuckt zurück und stöhnt so laut
Mit reichlich voller Lunge
Ein woah woah woah
Aus sich heraus

Warum solltest du nicht Definitionen dichten
Was ist warum
Und warum bin ich dumm
Eine mögliche Antwort
Auf die Frage warum
Ist ein kleines feines
Darum
Die Sache mit dem sollen
Kommt von ihrem wollen
Dann tun sie so
Als ob es selbstverständlich wär
Und machen dir das Leben schwer
Du du du
Bist bist bist
Dumm dumm dumm
Denn die Sache mit der Identität
Macht dein Werden
Stumm stumm stumm

Definitionen sind Gefängnisse
Der Formenflüsse
Definition und Identität dienen
Zum allzumenschlichen verständigen
Um das Wahrheitspotenzial in dir zu bändigen
Und das dichten heißt:
Sich nach den Sprachspielnormen richten
Fichten lichten nichten
Wenn jemand sagt
Das ist ...
Dann stimmt das nicht
Doch wenn jemand fragt
Was ist ...?
Dann sag: Nichts
Denn nichts ist alles
Ein großer Witz

Prä-hum veröffentlicht
Bevor ich werde
War ich fleißig
Schrieb schon alle Werke vor
Nur damit ich später spare
Zeit beim abschreiben:
Knapp 80 Jahre
Man wird mich nennen im Kindesalter
Einen kleinen Superstar
Naturtalent das würden sagen
Menschen die an sowas glauben, ha
Ha ha
Hatte reichlich Zeit
Im Bauche meiner Mutter
Und dachte mir in aller Gastfreundlichkeit
Fische bei die Butter
Und ran an die Arbeit!

Versuchte es vergebens
Ungefähr neun Monde
Zu veröffentlichen meine Werke
Nur merkte meine Mutter
Durch meine Tritte nicht
Meine Werke in Morse
Als diese zu verstehen
Um diese dann unter
Meinem zukünftigen Namen zu verlegen
Mein ich
Mein jetzt
Dass jenes hier schreibt
Kopiert
Schreibt ab
Von sehr früher Kinderarbeit
Ich gestehe jetzt und hier
Dass ich mich lediglich daran erinnre!

Mein Meister bin ich
Und ich bin mein Schüler
Große Pause, Mittagsstund
Hat Gold angelegt
Tausend Euro für das Gute
20 Cent für das Schlechte
Spende Spende Spende
Lyrik Kaugummi Automat

Schrei
Schreiben
Schreibtisch
Schrei nicht
Sei doch nicht so laut
Laut, das ist keiner mehr
Keiner ist mehr taub

In einer kranken Gesellschaft
Bin ich ein Lichtstrahl
Der großen Gesundheit
Europa ist ein Irrenhaus

Manchmal kann ich kaum glauben
Mit was für Wesen ich
Hier auf Erden zusammenlebe
Die glauben an Sinn und Bedeutungen
Daran etwas zu wissen
Die glauben Ich und Identität und an Freiheit
An ihre zusammengereimten Geschichten
Sie spielen gedankenlos mit
Im getriebenen Xemtheaterstück
Ich wundere mich - die wundern sich nicht
Ist das Ganze ein Witz!?
Die leben einfach als ob nichts wäre
Die sind doch vollkommen verrückt!

Smaragdgrün schimmernd
Im Himmelblau
Augen - schön
Deine
Rot
Meine
Auch
Küssen
Sehr schön
Repeat

Warten in der Kälte
Halt es nicht mehr aus
Denken dass gestorben
Der kleine Sommertraum
Finger kalt beim Schreiben
Gedanken fast erfroren
Die letzten Zeilen brachten
Ein Stück Wärme kaum

Von Kunde zu Kunde
Springt der Spaß
Niemand glaubt mehr an das
Was einmal war
Gekauft wird der morgige Tag
Und verkauft die Zukunft
Weggeworfen die Sekunden
Die keiner mehr braucht
Denn verewigt haben wir uns
Zeitlos in unserem Geld

Life

To be or not

To be continued

Das reimt sich nicht
Das find ich schlecht
Das ist ein Gedicht
Nicht nach deutschem Recht

Zeilen wie diese
Teilen wir nie
Verweilen alleine
Kein Grund für Nostalgie

Dreieck der Worte
Ein Quadrat als Kreis
Trapez für die Menge
Zwei Nullen zusammen
Formen den Weg
Wiederholend wird geschrieben
Im ewigen Sein
Die stehenden Worte
Gezwungen als Paar
Sein wird vergehen
Niemals wird's sein
Was es nicht war

Kann man denken
Diesen Gedanken
Fragten sie dich
Nur danken statt denken
War dein Rat
Vielen Dank
Erschallte ein Ohr

Lasset ihn kommen
Lasset ihn gehen
Lasset ihn lernen
Lasset uns beten
Lasset uns tanzen
Lasset ab von diesem Wort
Denn ich bin Gott
Und du bist Dort

Ich wurde geschaffen
Aus fließenden Gedanken
Gefasst wurde ich nie
Denn erfunden wurde ich schnell
Geschwindigkeit kenne ich nicht
Pausiert nicht
Angehalten wurde dein Atem

Bitte interpretiere mich nicht
Schreien diese Worte
Sag der Lehrkraft
Hier steht es geschrieben
Pausieren, Stifte zur Seite legen
Und eine sehr gut kassieren
Schönen Tag!

Politisch - das bin ich
Hier will ich's nicht sein
Politisch, dass bin ich
Ganz automatisch
Oh nein! Zwinkersmiley

Körperlich zu korrigieren
Da steht ein Schild
Ein Rotes mit Kreis
Das geht nicht
Korrigierst du mich
Spielst du Gott
Der Lektor hat Kraft
Ich spiele sie aus
Magie ist Glaube
Und Glaube ist gut
Sein und werden
Das wussten die Kühe
Lang vor unserem Sein
Gekaut wird es
Wiederholung
Nietzsche würde vor Glück weinen
Inkarnation der Wiederholung
Mhh
Muh
Muh
Mühe
Gib dir keine Mühe

Unsere Worte sind nur
Ein Rechtfertigungsversuch
Unseres Willens

Wer noch keine Gedanken hat
Geht bitte in den Keller
Und holt sie sich runter
Nimm den Aufzug
Denn er ist kaputt
Rauchen ist erlaubt
Im Flur siehst du den Papst
Raucht das neue Testament
Fat shaming ist prohibited
Do not enter the holy grail
It is just for the Deutschen Touristen
lol

Bitte interpretiere mich!
Ich will gelesen werden!
Zeilen über's Sein
Lehren und bilden neue Verbindungen
Da wo Schmetterlinge fliegen
Die Magensäure pulsiert dazu
Ein Takt der Zeilen
Rauf und runter
Erneut lesen
Verstehen sie mich!
Ich bin zu verstehen!
Bitte reißen sie mich raus!
Erdrückt werde ich von den anderen Gedichten!
So kann das doch nicht weiter gehen!
Ich?
Ich will sein ein Blatt im Winde
Verweht auf den Balkon von Gott
Gelesen unter Abendlampen
Werden werde ich im heiligen Buch sein
Ich werde Psalm
Ich werde ein Mantra
Ein Fisch
Quark

Es dämmert
Der Meister
Er werde sein
Ist er geworden
Wird er erneut
Sein eigener Schüler
Sehen
Hören
Schmecken
Fühlen
Riechen
Noch nicht geworden
Noch nicht gedacht
Es wird sein
Verlacht

Hier standen Zeilen

Gelöscht wurden sie
(Gut, besser, sogar am Besten)
Ausversehen durch einen Wink des Gehirns
(Ich will, dass man weiß, dass das richtig gute
Zeilen waren!)
War gelogen.

Es weihnachtet
Die Gesichter genervt
Der Schritt wird schnell
Die Geldbörsen leer
Oh ja, es weichnachtet
Der Schnee wird zu Regen
Wie Hoffnungen zu Streit
Ist es schon wieder so weit?
Kapitalismus König ruft laut aus
Ein kostenloses WLAN Passwort oben drauf
Kaufen sie hier
In Klammern
(Ihr Unterwerfungsabonnement
Auf unbestimmte Zeit)
Zeit heilt alle Wunden
Geld aber schneller
Es wird heller
Es ist Ostern
Jesus ist am Kreuz
Und der Papst sehr stolz

Länge ist gut
Lange Schwellkörper
Auch
Nichts mit Technik
Wer sagt das?
Darwin?
- Eine Empfehlung des evolutionären Brauchs

Schreiben unter Druck
5 Minuten hab ich nur
Weinen
Das kann ich später
Yoga und Meditation
Sind kein Ersatz
Für das wahre Denken
Sie sind viel mehr als das
Die Loslösung vom Zwang
Sich für die Produktion zu verrenken

Ist etwas abgeschmackt,
Dann weil man es nicht anders macht

Hier nur eine kleine Nichtigkeitserinnerung
(Bleib gelassen und trau dich)

Die Angst
Gab zwar Anlass ihr zu folgen
Aber keinen guten Grund
(Nutze sie weise)
Lass dich nicht beherrschen
Von so einem Schund

Die Stabilität unseres Kosmos
Ist so unheimlich und erstaunlich
In der Zartheit konstanter Züge
Dass die Nicht Existenz von Paralleluniversen
In ein unermesslich unwahrscheinliches Maß steigt
Und der Bestand des Seins mehr und mehr
Den Schein der Selbstverständlichkeit ablegt

Weshalb scheint mir der Reis
Auf einmal abstößig und fremd
Alle Nahrung die stopft
Wird vom Gehirn mit Ekel belegt
Wird für's Erste geblockt
Ach daher wird man von Mikroben gehemmt
Sie haben genug von diesem Stoff
Und brauchen erstmal eine Pause

Welche Gene und Neuronen
Lassen uns staunen
Wie lassen Neuronen und Genmilieus und
Mikroben
Ein Bewusstsein an etwas glauben
Welche Körperstoffe
Stellen Fragen und dichten
Welche Hormone und Nervenreaktionen
Bezweifeln Konzepte und nichten
Welche Organe
Werten und richten
Welche davon normen, codieren und mischen
Wie werden Sprachen kreiert und Welten
formatiert
Und was öffnet das menschliche Sein
Etwas freier zwischen Memen zu manövriern

Wenn das Glück kommt
Dann begrüße es auch herzlich
Und lass dich nicht von Sorgen hemmen

Mit offenen Armen durch die Straßen laufen
Und jedem Mensch so in die Augen schauen
Als ob man sich gleich und gerne
Mit ihm fortpflanzen würde
Das wäre wahre Gleichberechtigung
Die Überwindung sexueller Selektion

I believe in believing in believing
To bring some meaning into a meaningless being

Wilde Sexualität
Und Infragestellung
Kann ein Leben in Ruhe und Ordnung
Mehr durcheinander bringen als man glaubt
Und jegliche Fähigkeit zur Konzentration
Durch eine andauernde Ablenkung
Des Triebgeschehens zerstören
Daher gilt es fein abzuwägen
Wen man mit seinem Leben angeht oder nicht
Denn bei manchen Gemütern
Kann sie das Leben langfristig
Vollkommen umkrempeln
Ich wünschte ich hätte dich niemals kennengelernt
Heißt es dann oftmals
Der Knackpunkt der Moderne
Zwischen 'Freiheit des Einzelnen'
Und 'Freiheit der Anderen'
Meinungsfreiheit und Rücksicht auf Gefühle
Immer wieder abwägen
Dasein ist Verhandlung/der Kampf mit der Gewalt

Die Pornografie zu meiden
Um den realen Sex nicht zu verübeln
Bedeutet alle Kunst, alle Medien zu meiden
Um das 'reale' Leben nicht zu verübeln
Es lebe die vernetzte Virtualität!

Wenn wir die Anderen
Zu zärtlich nennen
Sind wir dann selbst schon
Zu sehr verhärtet?

Wir müllen uns den ganzen Tag
Mit unseren Ideologien und Dummheiten zu
Kann denn nicht einmal einer sagen:
Muuuuuuhhhhhhh
//
Ich liebe dich - lass gut sein/
Ist gut - Ich bin Du!/
Eine Umarmung täte uns gut/
Und darauf lassen wir's beruhn

Diese Gesellschaft ist konsumsüchtig
Sie muss andauernd irgendetwas
In sich reinziehen. Ohne Zweifel
Eine Pause zum binge-video-watching nutzen
Einfach rumsitzen und besinnen fällt sehr schwer
Aktivitäts und Produktivitätszwangsstörung
Hauptsache irgendwelche Daten ver-arbeiten,
Soziale Informationen zum Fluss bringen,
Für die Online Plattformen schuften
Und sie am Laufen halten
Du musst konsumieren!
Immer,
Über-
Alles

Das Dichten und Denken
Ist ein Auf-räumen
Der inneren Welt
(Sieh zu, dass auch Chaos sich hält)

Wenn ich mal ein Live Game schau
Sehn die Nba Spieler immer mehr
Wie 2k20 Charaktere aus
Die virtuellen Wahrnehmungsfilter
Nehmen neuronal Überhand

Die Kraft der Rede verstehen
Wir Modernen kaum mehr
Nicht so wie die Früheren
Die auf sie angewiesen waren
Um mit rhetorischer Hitze
Den Analphabeten ihre Ideologien aufzuschwatzen

Menschen
Getrieben von ihren Ideologien
Die Freundlichkeit
Fällt in der Gefangenschaft
Noch sehr schwer

Alles ist Ideologie
Wenn man durch dessen Kritik
Ruhm und Geld verdient

Das Universum/Die Wissenschaft
Ist da um dem Menschen
(Über sein Leben hinweg)
Den Anschein einer sinnvollen Beschäftigung zu
geben
Eines Sinns überhaupt
Noch keiner hat begriffen wie nichtig,
Wie vergänglich er ist
Dafür fehlt uns die Denkweite

Sein ist eine einsame Angelegenheit
Der Versuch eine Frau zu finden die spontan
Eine kühle Apfelschorle unter dem
sternenverzierten Nachthimmel mit mir trinkt
Erweist sich als weitaus schwieriger als gedacht
Weil alle nur noch Anerkennung wollen und
nicht
Bereit sind etwas zu riskieren, zu investieren
Man unterwirft sich restlos den
Marktmechanismen
Doch Gewinn macht nur die leichte Lust
Unter den Peitschenschlägen der
Passivitätsanbieter
Dass es dem modernen Mensch so schwer fällt
Sich auf eine intime Bindung einzulassen
Ist kein gutes Argument für den Fortschritt

Was suchst du hier wenn nicht die Hoffnung
Auf ein gutes Gefühl dass länger als einen Like
bleibt
Lass uns nicht weiter als Datenarbeiter schreiben
Triff mich um Mitternacht wenn wir uns tief in
die Mondlichtaugen sehn
Und zwischen zwei flüsternden Herzen die
Liebeswinde wehn
Dieses digitalisolierte Sein ist doch ein
aussichtsloses Unterfangen
Wo sind die Räume für das Ineinandereinfühlen
Für die Auszeit vom Menschenkonsum
Für Fragen, Fantasie, Fehler und Staunen
Wir alle leben noch falsch

Ich fotografiere das Sein
In all seinen Sinnen
Und es spiegelt sich
Auf sich zurück
Es ziehen Welten binnen
Einer Verwandlung in diesem Leib
Die sich selber mit sich verbrückt
Und Ich und Du und Welt verschwimmen

Der chemische Fluss des Seins
Zwischen unendlichen Organismen
Wird in der Liebe starr und steif
Und dient doch zum Ordnung stiften
Da fließt der Drang von einem zum andern
Wesen dass in seiner eigenen Art affiziert
Wenn dort die Düfte ungefestigt wandern
Ist es zum ersten Mal in der Geschichte
Die Selbstbeherrschung die die Bande schmiert
Da fließt die Freud von einem Leib
Direkt zu seinem Nächsten
Da wird das Sein in neuen Kreisen frei
Da liegt die Ruhe im bewegen
Die seltsame Chemie der Existenz
Goss sich nun aus in neues Denken
Wie man sich nun die Liebe schenkt
Kann die Flamme des guten Lebens
Zum ersten Mal ungehemmt brennen

Man ist dann frei
Wenn das Ich nicht mehr ist
Wenn das Ego untergründig
Keine Sorgen mehr bereitet
Und die Welt in sich wieder zu fließen beginnt

Wer sind Wir
Ein großes Werden
Keine Identität
Schlechte Erfindung

Ein Atem strömt in weite Atmosphären
Und löst sich in das irdische Geschick
Luftleerer Raum indes träumt nur davon erfüllt zu
werden
So sind entropische Systembewegungen gestrickt

Auf die Frage nach dem -
Was Wir mal werden wollen
Haben wir nur noch die Knechtschaft im Blick

Ohne etwas zu sagen sagen sie mir:
Es ist etwas falsch mit dir

So reden als ob es Gewissheit gäbe
Gibt es dafür gute Gründe?
Wir alle reden noch falsch

Jetzt wird gemacht
Was denn?
Einfach mal schauen
Spontanität wird wieder entfacht
Pack dir was und mach es krass

Aller Menschensinn ist vage und schwach
Es gibt nur verschiedene Lvl an Quatsch

Wir leben
In der besten Gegend
Des Universums
Wo leben
Mehr als möglich ist

Danke dass ihr dumm seid
Ihr gebt mir was zum kritisieren
Danke dass die Welt noch falsch ist
Dies liefert Stoff zum profilieren

Warum tun wir uns so schwer mit Zärtlichkeit?
Wie vergänglich doch alles ist
Wie ängstlich doch alles ist
Wie unverständlich
Mist

Größte menschliche Krankheit:
Bedeutsamkeitseinbildung

Licht
Lenkt ab
Zu viel Reiz
Versteift
Wir brauchen wieder mehr Dunkelheit!

Wir können nichts beherrschen
Nur erklären
Sinn des Daseins

Mehr Virtualität wagen!
Weniger Realität wagen!
Mehr Weniger wagen!
Weniger Knechtschaft wagen!
Weniger Dummheit wagen!
Weniger Passivität wagen!
Mehr Fehler wagen!
Häufiger scheitern!
Alles was Man So macht
Mach ich nicht

Für jeden Beruf
Überbegabt
(Sei dein eigener Beruf)

Der Wert kommt
Wenn wir merken
Dass etwas fehlt
(Dann ist es oft zu spät)

Diese Poesie
Wurde in Begleitung
Beethovenscher Sinfonien geschrieben
Und ist daher
Ganz natürlich
Sehr gut

Du machst meinen Winter so viel heller
Machst mir die Tage dichter und länger
Bringst selbst die Winterwüstnis zum blühen
Und meine frierenden Zellen zum glühen

Wenn Es dich wieder belästigt
Sage deinem Angst/Ekel/Xy - Affekt
Klar und deutlich:
Es ist nicht angebracht
Jetzt aktiv zu werden!

Es gibt dich nicht
Es gibt nur Sie
Sie formten dich
Sie normten dich
Hier:
Ein Licht
Auf!
Erfinde dich!

Wenn die Realität überwältigender ist
Als das Reich der Phantasie
Spricht das weder für die Realität
Noch für die Phantasie
(In Zeiten fiktiver Armut)

Der moderne Fantasytrend
Verkündet die Flucht
Phantastischer Potentiale
Vor der Übertragung ins Reale
Die Lebenswelt wird steif gelassen
Die Dichotomie verdrängt das Werden

Toll
Sie haben gelacht
Deswegen aber
Nicht nachgedacht

Menschen
Müssten
Weitaus
Öfter
In
Die
Höhe
Staunen
Dann wären sie nicht so doof
Noch gelangt der Blick sehr selten nach oben
Weil er mit blau und schwarz und grau
Der Phantasie beraubt nichts anzufangen weiß
Oder sich zu übersehen noch nicht traut

Zugemüllt mit Informationen
Fehlen dem modernen Mensch
Verständnis, Reflexion und Konnektionen

Dialog übersetzt:
Ich hab Recht!
Nein!
Doch!
Nein!
Doch!
Nein!

Sprachrohr
Metapher zu Ernst genommen
→ So entstehen Kunstwerke

Das Leben
Ist eine täuschende Erzählung
Die wir uns auftischen
Während es unfassbar schnell
An uns vorüberzieht
Und Materiemodalitäten
Sich nicht dafür interessieren

Wem der Mensch
Nicht unheimlich ist
Der hat ihn
Noch nicht verstanden

Der Mensch:
Vom Sein aufs Sollen schließen können
//
Nichtigkeit:
Sein ungleich Sollen

Sweet dream(s) of being
Before fictions of form dissolve

(Life is)
If
If
If
If
If
If
If
If
If
If
(Modernes Kontingenzbewusstsein)

Verstand
Setzt gleich was nie gleich ist
Verhängnis der Molekularmaschinenwelt
Vereinfacht: Mensch

Es gibt ein paar blöde Fragen
Aber ausschließlich blöde Antworten
Halt die Weltung vage!

Ob der bequeme totalitäre Verwaltungsstaat
Den anderen fachistischen Totalitarismen
Wirklich 'überlegen' ist
Ist innerhalb einer moralerhabenen
Möglichkeitenweite
Unter mehreren Gesichtspunkten
Sehr fraglich

Gott
Das vereinfachte Gefühl
Für unbeeinflussbare Mächte
Die das Leben lenken

Der Kosmos
Das Leben
Der Mensch
Ist ein automatisiertes Xystem

Wir leben in einem winzigen Sinneskorridor

Für alles vom aussterben bedrohte
Ob Mikroben, Pflanzen, Lebensweisen oder Ideen
Für alles was ab und kleingehalten wird
Ob grundlegend andere Seinsstile oder sonst was
Wird sich ausgiebig eingesetzt
Aus Pflicht
Nicht zu verkalken
Es gibt eine Pflicht sich frei-zu-halten

Ein guter Schwanz
Eine gute Vagina
Oder eine fortgeschrittene Maschine
Vermag ein Menschenherz zu erfüllen

Ich bin
Entdeckungssüchtig,
Neuheitsabhängig
Daher kommt das eigene gute Gefühl,
Die Anerkennung und organische Belohnung
Anstatt der Anerkennung durch Andere,
Durch die Liebe etc etc
Und fast die ganze Weltgesellschaft
Scheint sich mehr oder weniger
In die gleiche Richtung zu entwickeln
Übermäßige Privatheit wird ein Problem

Die neue Privatheit
Ist die größte Öffentlichkeit
Ständiger Datenüberwachung
Des Dauer-online-connectedSeins
Des fehlenden Bezugs zu den Anderen
Einer durchvirtualisierten Wirklichkeit
Die ganze Welt wird eine private Sphäre
→ Neue Neuronennetzverknüpfung ('Erkenntnis')

An author
Like a mother
Whose born child
Created sense that
Now plays with other minds too
(In auto-nomous illusions)

Ach wie wenig die Menschen doch sind
Es gibt nur noch Winzlinge
Sie haben einander klein gemacht
Ach welch großes Schicksal
Das erhabene Leben unter ihnen
Über allem
Ungewissheit

Ich
Als König der Erde
Erlösung des Daseins
Kein Größenwahn
Einzig und allein
Hochintelligente Einsicht

Der Mensch spricht in Sätzen,
Obwohl er in Fragen schweigen sollte
?
?
?

Questioning
Is the human super power
We still haven't learned
To control and master
It's all we've got
To venture through the darkness
Become a questioninggrandmaster!
- We need a faculty for questioning

Endlich Frieden schließen mit dem Leben

Alle Kinder sind Götter
Die zu Menschen abgefertigt werden

Das selbstverständlich werden
Neuer Dimensionen
Vergrößert die kommenden Generationen
Sind der einzig wahre Maßstab für Fortschritt

The lack of self-control
Is the biggest problem of our society
We need to learn to understand ourselves
The main reason for all conflicts:
Most educators
Are suckers
Build by the dominant wrong models
We have to overcome asap

Geht raus
Vereint die Energien
Schafft euch eure
Goldene Epoche

Ein Ziel:
Die Dinge zum fließen bringen

So lange um die Welt drehen
Bis sich die Welt um dich dreht

Was gibt es noch zu sagen?
Nichts von Bedeutung
Alles Sein, Alle Sätze
Sind Fragen
Im Testen
Die das vergessen haben

Zum Schluss
Zurück zum Anfang